두고 온 시

두고 온 시

고은 시집

창비

차 례

제1부 순례 시편

이어도	8
보길도	11
최근의 고백	12
제주 서부두에서	14
매혹	15
하류	16
향로봉	20
오산애육원에서	22
숲의 노래	24
광장 이후	28
아시아의 작은 산들	30
회고록	34
가을의 노래	37
그 숲길	40
죽은 시인들과의 시간	42
오늘 저녁의 노래	47
월명	50
소년의 노래	52
가고 싶은 곳	54
아침 바다	55
내생	58

고향	60
향로봉	62
대성산	64
빅서에서	65
봄날은 간다	70
화이트마운틴	72
히긴스 비치	76
두고 온 시	81
사하라	84
인사동	86
휴전선	89
토함산	92
사과꽃	95
카리브 바다에서	98
숲	100
넋	101
헛소문 하나	102
어느 편지	104
간디 손자	105
안면도	108
공던지기	110
회상	111

나의 추억	114
파고다공원	117
희망에 대해서	120
장날	122

―――― **제2부** 작은 노래

작은 노래	126
해설	148
시인의 말	163

제1부 순례 시편

이어도

이어도로 가리
바다 건너, 마른 호박빛 수평선 너머
내 절망으로부터 이어도로 가리
오 내 나라여, 나를 떠나게 해다오
황폐한 시간과 들판
그리고 내가 태어난 자궁을 모두 넘겨버릴 것이다
내 정든 옛집도 버릴 것이다

다친 다리 살갗 벗겨지며
나는 뼈의 노를 저어
바다로 나아가리
그동안 나는 어린 고기처럼 절망에 내던져졌다
바다는 낙하하는 갈매기가 절망을 떨쳐 안식할 수 있는 곳

이어도로 가리
땅이 스스로 넓어진다
바다 역시 스스로 넓어져 이어도에 닿아 있다

오 내 나라여, 나를 떠나게 해다오
여자와 몇가지 가진 것과 남 몰래 묻힐
남의 땅 묘지를 떠나
이어도로 가리 내가 오래 살았던 곳 내던져버리고

이어도로 가리 내 절망으로부터
바다 건너
태양은 떨리는 수평선 위로 질 것이다
그리하여 새로운 빛이 오래 저주받은 밤으로부터
이어도 위로 떠올라 날이 새이리라
내 삶의 수많은 절망으로부터 이어도로 가리

* 이 시는 60년대의 어느날 씌어진 듯하다. 물론 원문은 없어졌는데 그것이 나도 모르는 사이에 당시의 동국대 이창배 교수에 의해 영어로 번역되어 그 영문 작품이 어쩌다가 독일 보쿰대학 한국문학 담당의 마리온 에거트 교수의 연구실 벽에 40여년간 붙여져 있었다. 보스턴에서 만난 에거트 교수가 뒷날 그 영분을 보내옴으로써 한국어 원문을 여기에 재생하게 되었다. 이 작품에는 실로 마음 고단한 나날을 살던 지난 시절의 자취들이 어른거리고

있다. 이렇듯이 사연이 있는 것이므로 늦게나마 시집에 담는다. 기왕의 시집에 수록된 같은 제목의 「이어도」와 이것은 전혀 다른 것임을 밝혀둔다.

보길도
—후천(後川)에게

12월 3일 저녁
남도 땅끝에서 신내린 전화가 왔다
지금 보길도 가는 배 위에서
저물어오는 바다 막물을 바라본다 하였다

12월 4일 이른 아침
하룻밤 새운 보길도에서 다시 전화가 왔다
하마 동백꽃 젖꼭지들이 맺혔다 한다

누구 맞선 보기 전인 듯 자꾸 설레어
바람 인다

먼 곳이 얼마나 아득히 눈부신 그대인가
먼 곳에 가 있는 벗이
얼마나 눈부신 그대인가
사고 싶어라
거기 유홍준 문화유산 답사반 사람들
오늘밤 달 뜨면 또 얼마나 눈부신 그대들이겠는가

최근의 고백

한밤중 혼자 흐득흐득 울고 울었던
그 울음의 하얀 소용돌이 어디로 갔나
이토록 내 등뼈에는 슬픔이 없어졌다
모든 감탄사는 허망하다
날이날마다 한사코 달라붙던
구두 밑창의 오뇌도 없다
겨울 항구에는
떠나갈 짐과
들어온 짐 에워싸고 온통 바람 속인데
나에게는 이토록 아무것도 없이 텅 빈 가슴인가

달동네 난곡에는
그 숨찬 일인용 골목들 굶주리는 아이들이
멀뚱멀뚱 살아 있는데
뉴스 시간 텔레비전 화면에서
아프간 아이들이 풀 한포기 없는 언덕에서
먼지 먹으며 살아 있는데
나는 배고프지 않다

지난날 얻어 마시는 술에 아첨한다는 것이
도리어 욕설을 퍼부어대고 마는 만취의
그 막막하던 순정의 시절도 사라졌다

지난날 30년
독재 그것이 내 생존의 개펄 같은 애욕이었을 줄이야
희망이었을 줄이야

바다 등져 이제 나에게는
세르게이 라흐마니노프의 그 늑골 으스러지는
현악의 한 고비도 남아 있지 않다
무덤들 지나, 내 넋의 프롤레타리아 황야에 무슨 영광
있으랴
  오직 이대로 바람 속에 서 있는 장승일 따름이다

제주 서부두에서

저녁 바다는 종교 이전이다 너무너무

누가 옆에서 말하였다

바다는 반드시
사람과 사람을 맺어준다
라고

그 말을 듣고 나는 가만히 돌아섰다 한라산은 구름 속 이었다

매혹

네 눈 속의 우물에 빠져간다
네 낱말과 낱말 사이의
쏜살 별똥의 시간에 내 두 발이 멈췄다
이제부터 네 무덤 백년 뒤의 찬란한 뼈의 어둠 고요하고 또 고요하다
사랑한다

하류

저 금강산 내금강이 어디인 줄도 이제 모릅니다
저 태백 황지 한밤중
소쩍새 소리 시냇물이 어디인 줄도 모릅니다
퍽이나 많은 전생들이었습니다
그렇게 북한강 남한강으로 각각 흘러오는 동안
그 눈 시리게 순결한 숫처녀는
세월의 여러 애옥살이 절로 잠겨
한 쉰살쯤의 목쉰 묵은 여인이 되었습니다
흘러 흘러
경기도 파주 오두산 드넓은 앞물에 이르렀습니다

저 대성산 오성산 백암산이 이제 어디인 줄도 모릅니다
그렇게 여러 갈래 물들이 만나고 또 만나면서
한탄강 임진강으로 흘러오는 동안
그 생나무 타는 듯한 총각들은
세상의 여기저기 굽이쳐오며
한 예순살쯤의 반벙어리 늙은이가 되었습니다

망각 속의 아슴푸레한 기억 하나둘 남았습니다
아사녀라 하였던가
아사달이었던가
그렇게 흘러 흘러
여기 개성직할시 부근 판문군 조강리
비죽이 가슴 연 조강 앞물에 이르렀습니다
무엇 하나 연연할 줄 모르고
흘러온 한 생애 바쳐
다 왔습니다
다 왔습니다

그러나 거기 숙연히 서해 전체의 밀물이
가득히 들어와
어느 물이 어느 물인 줄 모르고
때마침 강화 문주산성 위 커다란 낙조로
온 세상을 울려버리니
그 울음소리 속
누구의 옛 울음소리 하나둘도 있었습니다

그뿐이 아니었습니다
저만치 아호비령산맥이나 내각산 골짝에서
황해남북도 먼길 쉬지 않고 흘러온
저문 예성강물이었습니다
지그시 세상살이 그림자들 스며든 말없는 얼굴이었습니다
그렇게 두 강물
세 강물로 만나는 울음소리였고
저 난바다 어디쯤에서 들려오는 울음소리도 아득히 와 있었습니다
하류는 위대합니다

해지는 강화도 언저리 마구 목메어
그 장절하디 장절한 울음소리들과 더불어
서쪽 바다 쪽으로
더딘 슬픔인 듯 조금씩 떠내려갑니다
예감은 하루의 끝에서 고통 다음으로 적중합니다

연평도 지나
하늘 밑 대청 소청도 지나
백령도 쪽에서도
아니 저 머나먼 장산곶 밖 인당수 쪽에서도
어서 오라고
어서 오라고 한사코 손짓합니다

방금 밀물이 썰물로 바뀌는 때
떠내려가는 두 물 세 물과 함께
무슨 영문 모르고
떠내려가는 한반도 중부 땅덩어리 커다란 울음소리를 맞이하고자
모든 물마루들 치솟아
돛폭 팽팽하게 높아지고 있습니다
모든 충만으로
방금 운명이 운명을 낳았습니다
하류와
하류 이후는 어쩔 수 없이 위대합니다

향로봉

휘청거리는 것은 하늘만이 아니다
단 한번 망설인 적 없이 뻗어가는
산
산
산
산들의 동서남북이 휘청거린다
다른 것들도 뒤따라 휘청거린다

모두 눈 떠라

산 자들
숱한 피범벅 주검
널브러진 싸움터였다
50년 뒤
그것으로 무쇠 같은 적막강산이었다

저 아래 풀섶에는 삭아버린
군사분계선 푯말에 이따금 찾아오는 내일의 노랫소리

가 걸렸다
 이쪽은
 어제의 강풍 속에서
 내 뒤에 있는 사람이 벗겨질 듯 벗겨질 듯 옷자락 펄럭이며 아름다웠다
 내려가자

오산애육원에서

징이 있으면 좋겠다
징 옆에
머리통만한 징채가 있으면 좋겠다

얼굴에는
벌써 마흔살 주름들이 그어져
일곱살의 아이는
아버지도 모른다
죽은 어머니도 모른다

고아원 5년
아픔도 혼자였다
간식이 있으면 얼마나 좋을까
배고픔도 뾰루퉁히 혼자였다

거의 날마다 구박을 받아야
간신히 오늘 하루밖에 없는 막된 세월이 갔다
울음도 차츰 사치였고

벽에 걸린 천사의 사진도 몇백번이나 속임수였다

징이라도 치면 좋겠다
사금파리 담장 너머
아직 석양이 남아 있는 너절한 거리
달려나가

쾅 쾅 쾅 콰앙
징이라도 치면 좋겠다

징이 있으면 좋겠다
징이 있으면 좋겠다
고아 준태에게 민식이에게
오른팔 없는 병국이에게

이 어머니는 이 세상 어디에도 없다

숲의 노래

친구와 헤어졌다 멀어져가는 그의 잔기침 소리를 등져
나는 허구들을 두고 숲으로 갔다 11월이다
숲은 어떤 모독도 알지 못한다
누가 애타게 기다리지 않아도
마치 오래 기다림이 쌓여 있는 듯
몇달 뒤면 돋아날
새 눈엽들의 수런대는 꿈마저
다 받아들여
여기저기 가슴 두근거리고 있다
빈 숲의 행운 속에 나는 맥박치며 그렇게 살아 있다

나는 하고많은 미련이 좋았다
마을로 간 친구 쪽을
한두번 더 돌아다본 뒤
벌써 어둑어둑한 숲 안으로 들어섰다
아무런 명예도 없이
길은 누구의 길인지 몰랐다

이제 무엇이 두려우랴
오히려
숲은 뜻밖의 가난뱅이 손님 하나 때문에
빈 가지들 어둠속에서 눈떠
어리둥절하게 바람 인다
다른 곳에서는 내내 불던 바람 잘 때였다

명사보다 형용사가 훨씬 많은 나라에 태어나
나는 하나하나의 이름보다 먼저
하나하나의 슬픔으로 져버린
온갖 나무들의 낙엽에 덮인
말없는 흙에도 닿아 있고 싶었다
발 디딜 때마다
내 발바닥이 작은 꽃들이 핀 듯 찬란하였다

청동기의 뗴가 흘러갔다
바람의 끝자락이 남아 있고
나중에 올 다른 바람의 예감으로

빈 우듬지들의 수없는 떨림을
이제 나는 볼 수 없다
너무 처절하고자 하였고
너무 황홀하고자 하였다
세상은 가도 가도 오류가 판치더라
그동안 찾아다녔던 정답에의 허욕을
여기 와서 살포시 놓아주었다

빈 숲은 놀랍게도 순정의 전당이어서
늦게 돌아온 새들의 날갯짓 소리가 났다
또한 숲은 가진 것들이라고는 다 주어버려
텅 비어서
누대의 짐승들이 다른 짐승으로 태어난 유적지임을
알려주었다

 더 깊숙이 들어갈까 망설였다
 밤은 한낮의 거짓들 스스로 물러난 진실의 시간이고
싶으리라

헤어진 친구는 아닐 터이고
여기 먼저 온 사람이
나말고 누구일까
모르겠다
모르겠다
처음 들어보는 노래가 저쪽에서 들려오고 있다
어쩌면 내생(來生)의 내 노래인지 몰라 온몸 일어섰다

가지 마라
더 가지 마라라고
내가 나에게 속삭여 경계하였다

그러다가
허구를 사랑하라 복이 있나니라고
내가 나를 유인하고 말았다
더 기리

광장 이후

지금 가랑비가 내리고 있다
광장의 이데올로기는 끝났다
흩어진 지 오래
그해 120만명의 사람 하나하나는
저마다
집으로 돌아갔다
흩어진 지 오래
저마다 돌아가
혼자인 누에집에 들어가 있다

사랑하는 싸이버 속에 들어가버렸다

어느날 밤
누군가가 뛰쳐나와 소리쳤다

아 독재가 있어야겠다
쿠데타가 있어야겠다

그래야
우리 무덤 속 백골들
분노의 동정(童貞)으로 뛰쳐나오리라
하루 열두번의 잠 때려치우고 누에집 뛰쳐나오리라
그래야 텅 빈 광장에 밀물의 짐승들 차오르리라

지금 가랑비가 내리고 있다
아무도 미쳐버리지 않는데
가랑비가 내리고 차들이 가다가 막혀 있다
그러나 옛 친구들이여 기억하라
이 광장이 우리들의 시작이었다 언제나

아시아의 작은 산들

아시아 일백년의 굴욕은 의무였다
이제 다 뱉어라
주역 팔괘
묵은 가래 탁 뱉어라
저만치 웅덩이 한복판 과녁에 적중할 터
이어서
나의 근대 아닌 남의 근대 내버려라

돌아다보아라

대히말라야산맥을 누가 모르겠느냐
쿤룬산맥을
알타이산맥을 누가 모르겠느냐
그 산들의 혁혁한 이름
그것은
이제 산의 이름이 아니라
어떤 지상(至上)이었다

웅장함
위대함
그리고 숭고함이다

그러나 오늘 나는 그것을 배반하고
아시아 각 지역의 작은 산들에게 절하고 싶다
대히말라야에서는
8천미터 이하의 산에는
좀처럼 이름을 붙이지 않는다
그러나 나는
1천미터 이하의 산들에게
수많은 산들에게
지는 해 넘어간 뒤 하나씩 외경의 이름 부르며 절하고 싶다

아시아 각 지역에서는
예로부터 앞산이 있다
내 소원이 있고

내 자식의 내일이 있다
5월의 못 견디는 산록이 있다
앞산에는

아시아 사람에게는
뒷산이 있다
뒷산에는 조상의 무덤이 있다
빈 너도밤나무 가지들 밤새도록 흔들리고 있다
아열대
열대
그 일대에는 치렁치렁 장발의 그늘이 내려와 있다

웅장함도
위대함도
숭고함도 없이
아시아 각 지역 이름없는 작은 산들 찾아다니며
늙어가고 싶다
하나씩 이름 부르며 죽어가고 싶다

무능의 회한 다 바쳐
신새벽 쪽빛 하늘 내려와 있는
작은 산기슭에서
마지막으로 절하고 싶다

작은 산들이여
작은 산들이여 순이산이여 정희산이여
아시아의 진짜 이념의 집들이여 칠성이여 삼룡이여

회고록

스무살이었습니다
왠지 살구꽃 피는 봄날을 꺄룩꺄룩 싫어하였습니다
굶주렸습니다
시베리아 이르쿠츠크 영하 40도쯤
그 혹한의 눈벌판에서
탕!
쓰러지고 싶었습니다
젊은 데카브리스트 확인사살로 쓰러지고 싶었습니다

우둔한 세월
바라는 것은 숨찬 질풍노도였습니다

작두에 신선의 손목 잘렸습니다
괭이에 흙살 찍혀
흙들이 엉엉 울어댔습니다

예순살이었습니다
온갖 잡살뱅이 생략해버렸습니다

늦은 변명들을 가장 경멸하였습니다
여전히
곱게 곱게 갠 날들이 역겨웠습니다
천둥 번개 때려
먹구름장 칼날 꽂히는
그 벌판의 육체 위로
기뻐 어쩔 줄 모르고
저쪽까지
저쪽까지
달려가야 했습니다

모든 체념 가라
모든 해탈 가라

예순살 뒤로도 내내 유치찬란하였습니다
친구 몇과 함께
한쪽 허파밖에 가지지 않았습니다
다른 한쪽의 부재를 위하여

다른 곳으로 가야 했습니다
아직까지 늦게 깨달은 저녁별 같은 체 게바라를 기억하고 있습니다

후반기는 전반기의 폭발입니다

가을의 노래

누가 지는 잎새를 장사지내겠습니까
역설이 있어야겠습니다
가족도
민족도 필요없습니다
우수수
바람에 날려 지는 잎새들은
아무것도 바라지 않습니다

신이란 궁극에서 있으나마나합니다

그래서 그가 있습니다
술 깨어
박수소리가 나는 곳으로 가다가
휙 돌아섰습니다

ㄱ가 누구?

꿈속에서도

허영은 마구 자라나서
그 자신이 거기에 묻혀버렸습니다
꿈속에서도 적막강산이었습니다

그가 누구?

두 길뿐이었습니다

그는 단연코 가시덤불 지나 손가락질하는 곳으로
그윽히 접어들었습니다
서투른 화살들이 날아왔습니다
저자가 온다
저자가 온다고

수없는 손가락질에 에워싸여
어떤 이해의 실마리 하나 없는
해묵은 권세에 몰려
마을 밖 오두막에 이르렀습니다

화살을 뽑아낸 아픔이
여기저기 남았습니다
추수 이후 빈 들이 잠 못 이루고 휑뎅그렁하였습니다
그런데 아직도 저쪽 숲에는 져야 할 잎이 남아
바람을 기다리고 있습니다

고독이 빛나고 있습니다 가을이란 죽은 친구입니다
그는 누구?
그는 가을입니다

그 숲길

숲으로 난 그 길에는 어떤 씨족의 자취가 남아 있다
그래서 오래 아늑자늑하다
뒤에 오는 사람은 반드시 남이 아니고 원수가 아니다

밖에서는 거센 바람이 불고 있었지만
숲속은
바람이 불지 않을 때와 별로 다르지 않다
경전 같다
아니 죽은 아내가 그렇듯이 혼자 정숙하다
좀 두런거리는 듯

더 깊숙이 들어갔다
떨어진 열매들이 모여 천천히 발효되고 있다
아 술냄새였다

오딘인가
얼룩사슴이 놀라 저쪽으로 사라졌다
어린시절 세상 떠난 젊은 어머니가

방금 돌아오는 것처럼
그때에야 나도 좀 쭈뼛거리며
여기저기 돌아다보았다
놀라움에는 해묵은 그리움이 들어 있다
나 역시
생애 몇번인가는 더 놀라야 한다

나는 부재와 실재 사이의 한 겨를에 이르러
이윽고 숲 오지의 호젓한 샘물을 만났다
물은 오래 전부터 기도중이었다

나는 씨족의 시대로부터 친구의 시대로 돌아가야 한다
그래서 숲길은 모든 바깥으로 이어져 있다

죽은 시인들과의 시간

우리는 우주의 한 지방에 있다
어느 때는 광야였고
어느 때는 자궁인 곳
지금 우리는
하나하나의 살아 있는 시인만이 아니다
이곳에서
우리는 살아 있는 시인과
다른 무엇으로 된
낯선 오지이다

어떤 소리도 소멸의 경계를 넘지 않는다
어느 때는 몸이 무겁고
어느 때는 몸이 마음보다 가볍다
죽은 시인들의 영혼이
우리 각자의 몸속에 들어와
지친 날개를 접고 깃들인다
나는 나 이상이다
너는 너 이상이다

우리는 우주의 방언으로 노래하고
죽은 시인의 새로운 모국어로 노래한다
시작은 혼자였으나
그 뒤로는 내내 함께였다

거대한 파도기둥이 치솟으며 소용돌이치다가
다음날 아침 가라앉을 때
그동안 숨어버렸던 갈매기가
공포 뒤에 나타나
더이상 벌벌 떨지 않고
가장 세련된 원(圓)을 그리며 날아오를 때
그는 죽었다
누군가가 그를 시인이라고 수군거렸다

하루가 느리게 진화되는 내장처럼 길었고
또 하루가 막 태어난 갈매기 새끼의 날개처럼 짧디
죽은 시인의 남은 생애가
우리 각자의 난생설화의 생애 가운데 자리잡았기 때

문이다

    고도 5천미터 평원 위 상공이다
    바짝 마른 티벳 갈매기가 날고 있다
    아주아주 옛날
    한 대륙이 달려와 부딪쳤을 때
    그때까지 찬란한 해안이던 그 일대가 미쳐날뛰어
    히말라야가 되어버렸다
    갈매기는 바다를 잃어버렸다
    마구 소리쳤다
    갈매기 2세 12세 혹은 1302세……
    다음이 있다
    다음이 있다
    그 소리들은 마침내 노래가 되고 시가 되었다

    그리하여 우리는
    하나하나의 살아 있는 시인이었다
    또한 하나하나의 살아 있는 시인만이 아니라

이 세상과 이 세상 이후에도 하나로부터
셋이고 일곱이고 열하나이지 않으면 안된다
우리가 오고
우리가 가는 시간의 관능이 우리이다
지금 누구를 위한 추도는
누군가가
우리 하나하나를 추도할 때와 함께이다
우리가 이곳에서 만나는 일은
이곳 이외의 여러 곳에
수많은 이별의 풍경들을 남기는 일이다

여기다
우리들의 오지에 호수가 있다
눈 감기 전과
눈 감은 뒤의 수면(水面)에
하얀 수련꽃이 떠 있다
누구를 위한 만가(挽歌)를 써보지 않은 시인은 불행하다

우리는 그런 불행을 지고
이따금 새로운 만가를 써야 한다
그것은 연가(戀歌)의 다른 이름이다, 꽃이다
아 슬픔이 필요하다
호수는 그 자신의 태곳적 바다 한복판을 기억한다

* 2000년 11월 폴란드 크라카우 국제시인축전 제1주제 '죽은 시인을 위한 밤'을 위한 작품.

오늘 저녁의 노래

숭아 우리 백년의 눈빛 어디 갔느냐
그 감격들 꺼져버리고
거리에는 온통 길 막힌 차뿐이다
설레며 마주보던 순결한 눈빛 대신
해지면 건달들의 네온싸인이 미쳐댈 뿐이다

풍아 우리 백년의 별빛 어디 갔느냐
남의 하늘
수없이 전파들만 오고 간다
땅 위에는
골목마다 쓰레기 널려
쓰레기 속의 내 얼굴이었다
쓰레기 속의 네 얼굴이었다
함께 썩어가며
이제 아기 울음소리도 듣지 못하는구나

뭉아 우리 서로 부둥켜안은 시절 어디 갔느냐
그 어둠

그 아픔
그 흔하디흔한 사랑보다 훨씬 참된 노여움 속에서
쓰라린 친구이던 아름다움들 다 떠나버리고
달이 뜰 때
빈 공중에 누구의 흐느낌이 남아 있느냐

충아 우리 백년의 감격들 어디 갔느냐
저 잠실경기장에는 환호소리만 있다
축구공이 그물 속에 박혔다
환호소리였다
9회말 홈런이 터졌다
환호소리였다
세상은 죽어라고 멜로드라마였고 증권이고 싸이버뿐이다
날이날마다 스포츠뿐이다
우리들의 감격들 어디 갔느냐

궁아 우리에게 그것이 있어야겠다

백년을 다시 시작하는
　백년을 새로 시작하는
　뜨거운 피 그것
　숨결 그것
　소리치는 맥박의 나라 그것
　저 밤바다 무인도의 너무나 오랜 열망 그것
　아 우리들의 절절한 꽃 피는 눈보라치는 감격의 가슴
으로 돌아와야겠다
　궁아

월명

형제들 오늘은 천년 전 월명스님의 동지이게나
옛 시인 월명께서는
죽은 누이
일찍 서방정토에 보낸 뒤
그 머나먼 10만억 국토 지나
이승과 저승 사이
서로 혼령의 소식 오고 갔느니
간절하였느니

3월 배꽃이 밀물진 이승이었느니
달 오르면
남산 밑 호젓이
그이 노래
애끊이며 하늘까지 닿았느니

배꽃에 달밤이라
가던 달 길을 멈춰
그이 노래 들었느니

밤새도록 내린 이슬 가득하였느니

한층 더 달빛 휘영청 사무쳐
동해 다 비쳐주었느니
어느새 그이 온데간데 없고
누구네 마구간
잠든 말이 쿠르르 울어버리고 나서
다시 잠들었느니

형제자매들 오늘밤은 천년 뒤 월명스님의 동지이게나

소년의 노래

저 바다가
저토록 날이날마다 조상도 없이 물결치고 있는 것은
오래
하늘이 되고 싶기 때문이리라
그렇지 않고서야

저 하늘이
저토록 어리석은 듯 밤낮으로
구름을 일으키고
구름을 지워버리고 하는 것은
바다에 내려오고 싶기 때문이리라
그렇지 않고서야

내가 빈 병같이 나만으로 살 수 없는 것은
내 살붙이만으로 살 수 없는 것은

 내가 단 한번만이라도 남이 되어보고 싶기 때문이리라

그렇지 않고서야
나 하나 에워싼
이 세상의 수없는 남들을 모르는 무지를 살 수밖에 없으리라

사람들이여 소년에게 놀라라 소년의 노래에 놀라라

가고 싶은 곳

30년 전
가고 싶은 곳이 있었습니다
백만분의 일 세계지도 모든 곳에
내가 가 있었습니다
20년 전
꼭 가고 싶은 곳이 있었습니다
옥방 철창 사이로
푸른 하늘은 돌아쳐 나의 길이었습니다

그동안 몇군데는 터벅터벅 갈 수 있었습니다

그러나 몇군데는 그대로 남겨두었습니다
내가 이 세상 그만두어버린 뒤
내가 가고 싶은 그곳들이
누군가를 내내 기다릴 것입니다

가고 싶은 곳이 있었습니다
지는 꽃
지는 꽃 저녁 가슴 여며 눈감았습니다

아침 바다

향수는 오랜 멍에였다
왜 우리는 지난날의 느티나무 옹이만을 서럽게 이야기하는가
왜 우리는 지난날
그 어둑어둑한 저녁 외딴 마을만을 못내 그리워하는가
천둥소리여 꾸짖어다오
왜 우리는 오늘이 아닌
어제의 저문 밀물만을 노래하는가
아 모든 비애여 과거여

왜 우리는 두고 온 밤하늘 별들만 숭상하는가
겨울잠의 곰이 어둠속에서 새끼를 낳는다

밤새도록 잠 못 이루는 번뇌 있다면
거기 얽매어서는 안된다
살아온 날들
그런 번뇌 있어야 했다면

이제 벌떡 일어나
새벽 먼동 앞에서 노여운 신발끈을 매어야 한다

그리하여 새로 찾아오는 시간 속으로 걸어가야 한다
가야 한다
가야 한다
아침 푸른 노고지리여 너도 솟아올라 노래하라

태어난 곳 자라난 곳은 미개이다
지난날의 하염없는 마루턱이 아니라
오늘의 거리를 가야 한다
오늘과 내일의 성난 바다 한쪽을 건너가야 한다
돛폭 가득히 바람 친다

왜 우리는 오래된 고향의 유골을 떠나지 못하는가
내 조상이 무덤 속에서 말한다
어서 네 세상으로 가거라
네 낯선 항구

푸른 하늘 영 넘어
네 뜨거운 가슴팍 달구는 그곳
새로운 세월의 풀무 속으로 가거라

동해 연어들 살어리 살어리랏다
서해 조기 제비떼 살어리랏다
저 활짝 열린 아침바다
네 집이 거기 있다

보라 이토록 첫여름 초록빛 묻은
우리들의 순결한 시작만이
이 세상 땅끝 눈뜬 진리와 함께 있다 거기 가거라

내생

서운산 숲속에 들어왔다 비로소 내 집이다
긴 숨을 내쉬었다
그늘이 그늘 위에 쌓여 있다
가지고 온
몇줄기 취한 불빛을 놓아주었다 밤이 왔다

어느 나라에서나 자유는 늘 끝에 있었다

백년의 허섭스레기들도
하나둘 놓아주었다
아침에는
빈 거미줄에 이슬들이 대롱거렸다

세상에서 과거가 너무 많았고 미래가 자꾸 줄어들었다
숲 밖의 바람 일부분이
숲속으로 머리 숙여 들어왔다
떡갈나무 잎새들이 돌아온 새로 지저귄다
돌이켜보면

오래 전부터 나는 문맹자의 자손이었다

어쩌다가
어쩌다가
벗어날 수 없는 교착어의 문자에 갇혀버렸다

내생에는 땅속 깊숙이
숨찬 돌멩이 하나이리라
말없는 홀어미의 해골과
몇몇 고아의 가마니 덮인 묵언의 새 송장 아래에서

고향

아 산자락 푸르러
고향은 내가 태어난 곳
태어나
아장아장 자라난 곳
어린 제비 곤두박질쳐 날고
기러기 손님 가는 곳

아 바람소리에 몇몇 짐승들 감았던 눈 슬며시 떠
고향은
만년이나 그 이전 어느 곳
때때로 시련일레라
천둥 번개 치는 곳
눈보라 때리는 곳
고향은 그리도 수많은 곳

꽃아 피어나라
꽃이 피어나라
고향은 내일 다시 태어날 어느 곳

품에 안아
만년 뒤
하늘에 구름
땅 위의 풀과 함께 가마득히 살아갈 곳
아니 잠깐 사이 여우볕 여우비 내리는 곳
고향은 이 세상 어느 한군데가 아니더이다

오늘밤 저 초롱한 별들의 백겹 눈빛 아래
수많은 전생들의 고향 깨달아야 하리
가만히 한 여인의 잊어버린 어린시절로 하염없어야
하리
어찌 그뿐이랴
수많은 내생들의 고향 꿈꾸며
술이 될 누룩같이 그윽한 예감으로 가슴 설레어라

아 산 너머 큰 바나들
밤마다 또다른 고향을 향하여 저리도 뒤척이는데

향로봉

바람 속에 서 있을 때가 가장 사람다웠다

저 검은 동해
가득한 파도소리도
여기까지 오지 못한다
여기는 벙어리 돌멩이들 횡횡 날아가는 바람소리

북쪽을 보라
온통 산들이다
인내밖에는 아무것도 없다
남쪽을 보라
온통 산들이다

무거운 짐을 지고 내려가면 가까스로 살아남고
그냥 내려간다면
바람에 날려
저 비탈 아래 굴러가리라 가벼움은 죽음이다

보라 저 아래는 6월 무렵의 녹음
또 저 아래는 5월 무렵의 신록
보라 여기는 3월 이전의 앙상한 나무들
마구 휘어져 휘어져
살아남았다
어떤 가지는 꺾어져 저만치 날아간다

친구들도 휘어져 살아남았다

대성산

하늘! 나 응징하라
그동안
삼라만상의 골수
너무 많이 빨아먹었다
이제 굶어 죽고 싶다

땅! 나를 추방하라
과거 현재 미래
너무 많이 건달이었다
자취 없이
무덤 없이
사라지고 싶다

대성산 옆 봉우리에서 가까운 대성산을 쳐다보았다
강풍에 휩싸여
모든 방향들이 울부짖는다
이제 사랑이 없다
무슨 사랑으로 남겨진 서툴기 짝이 없는 혼백인가

빅서*에서

저 오만한 빌딩들밖에 세우지 못하는 평화는 죽음이다
그 도시를 떠나왔다
오늘 나는 폭풍 속에서 마구 뒤집히는
성난 바다를 사랑한다
얼마 만이냐
모든 제왕의 명령들 파묻혔다
이제 노예와 노예들이 만든 비싼 진주 따위 버려라
지난날 충성의 무기들 무더기 무더기 던져버려라 미련없이
바다 이 이상은 없다
미쳐 날뛰며
목놓아 외쳐 외쳐댄다
어떤 틈서리 하나 놓치지 않고
일체를 깡그리 거부하는
거대한 파도 덩어리 덮치고 또 덮쳐온다
나는 사랑한다

천년의 감탄사들 다 가버렸으나
이제 그것들이 내 뇌 속에서 다시 솟아올라 수많은 포말들 빗발친다
모든 우상들 사라졌다
오 폭풍이여
오 수없이 솟아올랐다 무너지는 파도 기둥들이여
내 공포조차 또하나의 율동 아니냐
하지만 나는 파도 덩어리에 두들겨맞으며
묵묵히 박혀 있는 바위들과 서슬진 벼랑의 찰나들을 사랑한다

바위는 알고 있다
이 폭풍이 내일에는
꼬리가 보이는 것을
이 파도 덩어리는
어쩌면 내일에는
제 힘이 슬프게 빠져나가며
지친 무위에 다가가리라는 것을

그리하여 나는 폭풍과 파도와 바위와 벼랑
어느 것도 배제할 수 없는 고민을
두 손에 나눠 들고 일어서서
히잉히잉 울부짖으며
그 두 손에서 차라리 핏줄기 뿜어져나오는
그대로 두고 있다
이름이 없다
이름 없는 선홍빛 피
내 몸 안에 아직 남아 있다니
그것이야말로
내 지난날의 모든 허위를 보상한다

나는 바다와 바닷속 한 작은 침묵을 또한 사랑한다
그것은 열번이나 당당하다
빅서 솔개의 하늘 속 폭풍권 ㄱ 너머
거기 아스라이 솟아올라
이 지상의 시시한 대활극을 내려다보라

아니 바다 밑바닥 깊이 암흑을 꿈꾸어라
그 암흑은 어떤 빛보다
조상과 가까운 미래이다

빅서 솔개여
나는 네 눈을 사랑한다 결코 사람의 눈이 아닌 네 두 눈을
나는 네 힘찬 날갯죽지와 견고한 부리
항상 어느 목숨 움켜쥘
네 완전한 발톱을 사랑한다
너무나 사랑한 나머지
장차 태어날 네 새끼의 알 몇개의 부재마저 사랑한다
네 위태로운 둥지 속의 그것들도
폭풍을 알고
파도 덩어리를 이미 알고 있다

이로부터 뒤늦게 나는 꺼이꺼이 울며불며 사랑하는 자가 되었다

오 빅서 벼랑 끝 깜깜한 자정 지나

* 미국 서부 태평양 해안의 한 군데.

봄날은 간다

이렇게 다 주어버려라
꽃들 지고 있다

이렇게 다 놓아버려라
저녁 바다 썰물 아무도 붙들지 않는다

바다 층층
해파리
쥐치
감성돔
멍게
우럭
광어 농어
새꼬시
외할머니 부채 같은 가자미
그 아래층 말미잘의 삶이 있다
삶이란 누누이 어느 죽음의 다음이라고
말할 나위도 없이

지상에 더 많은 죄 지어야겠다 봄날은 간다

화이트마운틴*

1999년 10월 버몬트주 화이트마운틴에
세 사람이 갔습니다
로버트 프로스트가 살던 집
그쯤에서
뒤처져 길을 잃었습니다

온통 선홍 단풍 한복판에서
나는 단독 무기형을 선고받았습니다
단풍 파도에 묻혀
마구 몸이 무너져내렸습니다
어쩔 수 없이
두고 온 이름을 마구 불러대기 시작하였습니다
술취한 듯
술취한 듯 마구잡이
무순(無順)이었습니다
노량진
금강
마포

압록강
청도 운문사
함흥
목포
노르웨이 송뇌
낙동강
대전
포항
부안 줄포
왕십리
탱글리드
대동강
거문도
설악산
외금강 구룡연
서귀포
천지
소양강

진주 남강
바이칼
문경
소양강
동해 낙산사
만리포
개성 송악산
만경강
낭림산
구례
동래 고군산
혜산 삼수 갑산……

내 정신이 돌아왔습니다
나는 무기수도 무엇도 아니었습니다
다만 내가 나에게 말합니다
이 세상 어느 곳도 무죄라고
호주머니 속의 160달러와 함께

나에게는 돌아갈 곳이 있다고
다른 날
다른 곳에서도
어떤 원죄도 없이
나에게는 반드시 돌아갈 곳이 있다고

제2주차장은 벌써 낭비의 불빛들이었습니다

  * 미국 동부 버몬트주의 산.

히긴스 비치*

어디에서도
남의 아픔을 모른다
바다는 섬의 아픔을 모르고
섬은 바다의 아픔을 모른다

차라리 섬을 가라앉혀
빈 바다
혼자 아파라

어디로 가지 않으면 안되었다
발병(發病) 직전
가방 없이
대서양에 다다랐다
세계어(世界語)인 파도소리

어디에도
조국이 없다
이민 3세 4세쯤의 비애가 전부였다

더이상 갈 곳 없이
텃새 갈매기들
누구 대신
썰물이 밀물로 바뀔 무렵
커다란 원을 그리며 날아올랐다

이전에도
수없이 와서 무너졌다 파도 자락들
이후에도 와서 무너지고 무너지리라 무너지리라
모든 미완성이 완성이라면
그 완성의 수없는 반복이리라
세월은
이미 여기에 없다

때때로 절망을 희망이라고 잘못 말한다
섬들
혼자 아파라

하늘은 한조각의 화석도 사절한 채 텅 비었다
그럴 수 있다면
텅 비어
해골바가지 두 눈구멍
푸른빛 쏟아
잔 가득히 채울 수 있다면

그러나 의무란 얼마나 천박한가

5백년 전 원주민의 조개껍데기가 아직 남아 있고
그 다음
백년 전 석탄 배가
개펄에 박혀
거기
알에서 나오자마자 죽어버린
아기 갈매기 넋이 아슬아슬 쉬고 있다

해가 오래된 법률 같은 수평선 뒤에서 떠올랐고

해가 할아버지의 손자인 내 등뒤에서
내 자식의 의붓아비인 내 가슴 앞에서 사라졌다
누군가가
바다 표면의 양탄자를 잡아당겨
바다 위의 과거와 현재 미래가 온통 쓰러질지도 몰라

하루는 절대로 길지 않다
절대로 짧지 않다
바보의 말을 다 들어라 어둠이 오고 있다

어둠만이 세상에 남은 유일한 용서이다
여기 어둠속으로
들어오라
들어오라
어서 들어오라고
그대들의 치욕은 찬란하다고

히긴스 비치

나는 더 많은 파도소리로
아직 오지 않은 폭풍을 기다린다
나는 도둑보다
비는 거지가 좋다
칼집에는 칼이 들어 있지 않았다

다시 오리라
대서양 바다 위 약 30미터 위
조각달이 점점 빛나기 시작한다
외롭다
나는 여기 온 것이 아니라
여기에 남겨져 있다
다 떠난 뒤
혼자 아파라

왜?라고 묻지 말라

  *미국 동부 메인주의 해변.

두고 온 시

그럴 수 있다면 정녕 그럴 수만 있다면
갓난아기로 돌아가
어머니의 자궁 속으로부터
다시 시작하고 싶을 때가 왜 없으리
삶은 저 혼자서
늘 다음의 파도소리를 들어야 한다

그렇다고 가던 길 돌아서지 말아야겠지
그동안 떠돈 세월의 조각들
여기저기
빨래처럼 펄럭이누나

가난할 때는 눈물마저 모자랐다

어느 밤은
사위어가는 화톳불에 추운 등 쪼이다가
허허롭게 돌아서서 가슴 쪼였다
또 어느 밤은

그저 어둠속 온몸 다 얼어들며 덜덜덜 떨었다

수많은 내일들 오늘이 될 때마다
나는 곧잘 뒷자리의 손님이었다
저물녘 산들은 첩첩하고
가야 할 길
온 길보다 아득하더라

바람 불더라
바람 불더라

슬픔은 끝까지 팔고 사는 것이 아닐진대
저만치
등불 하나
그렇게 슬퍼하라

두고 온 것 무엇이 있으리요만
무엇인가

두고 온 듯
머물던 자리를 어서어서 털고 일어선다
물안개 걷히는 서해안 태안반도 끄트머리쯤인가

그것이 어느 시절 울부짖었던 넋인가 시인가

사하라

백년 동안 언제나 편서풍이었다
내려질 깃발도
어머니의 무색 치맛자락도
널린 빨래들도
달리는 구름 속에 해가 묻혀버린 동쪽으로 하루 내내 펄럭이었다
가랑잎 굴러
나의 절반 이상이 남들이었다
일찍이
내 조상은 늘 밤 이슥히 외로움이었다
그런 밤이면
약한 가슴 갈비 사이 달빛에
울고 울었다
다음날은 남은 울음의 쓰레기로
늦은 구절초꽃이 졌다
누구인가
노예의 일생 바윗장 번쩍 들어올려
한번 울부짖어야 하리 가차없이 떠나야 하리

꿈에 본 모래폭풍 거기
오랜 베드윈 사내 몇몇의 밤이 애타게 기다리는가
그곳에 가
그 무변사막 사하라 거기
백년 뒤
나는 그곳에서 돌아와야 하리

오 저벅저벅 돌아오는 미이라 나? 너?

인사동

인사동에 가면 오랜 친구가 있더라
얼마 만인가
성만 불러도
이름만 불러도 반갑더라
무슨 잔치같이 날마다 차일을 치겠는가
무슨 잔치같이
팔목에
으리으리한 팔찌 끼고 오겠는가
빈 손이
오로지 빈 손을 잡고
그냥 좋기만 하더라

험한 세상 피명 들며 살아왔다
조금은 잘못 살았다
너는 내달리기만 하였고
나는 풀잎 하나에도 무정하였다
인사동에 오면
그런 날들 가슴에 묻어

고향 같은 골목들 그냥 좋기만 하더라

어찌 15년 20년 친구뿐이겠는가
인사동에 오면
추운 날 하얀 입김 서러워
모르는 얼굴들
어느새 정다운 얼굴이더라

인사동에 가면
한잔술 주고받을
친구가 있더라
서로 나눌 지난 날이 있더라
얼마 만인가
얼마 만인가
밤 이슥히 손 흔들어
헤어질 친구가 있더라

오늘밤은 아직 내일이 아니더라

성만 불러도
이름만 불러도
반가운 친구가 있더라
인사동에 가면

휴전선

오늘도 해가 진다
입 다문 능선들
골짜기들
빈 가슴만 커지며
휴전선 155마일 해가 진다

벙어리같이
벙어리같이
소리치고 싶어라
살얼음 깔린 임진강 머리
무슨 말이 남아 있으랴
저 백마고지에도
대성산에도
향로봉 아래 녹슨 철모에도 무엇이 남아 있으랴

이토록 이 강산의 막힌 허리에
휴전선 50년이 훌쩍 갔다
애타던 사랑보다 더 날개쳐 갔다

눈보라치는 날이 있었다
미움의 대낮
누가 먼저인지 몰라
서로 맞댄 총자루 내려
차라리 펑펑 날리는 눈보라 속
파묻어야 하였다
다음해 장마철 하루 내내 뻐꾸기 소리
거기에 온통 파묻어야 하였다

그동안 모든 말은 거짓말이었다
그동안 쓰러져간 자의 넋들 떠돌아
오로지 참다웠다

그 분단 50년이 갔다

오늘도 155마일 철조망에 해가 진다
여기 올 어느날 없다면

내 어이 각혈같이 노래하겠느냐고
탓하지 말라
오늘도 묵묵히 해가 진다 차라리 기다림도 없이 어둠
이 온다

토함산

그동안 내 조상들은
6백년 이상
경주 토함산 꼭대기에 올라간 적이 없었습니다
그 아래서
종노릇이었고
그 아래서
종을 부려먹었습니다
그러므로
토함산 석굴암은
우거진 풀떨기에 묻혀
태곳적인 듯
영영 잊혀지고 말았습니다

이런 것을 세월이라 하였습니다

조선 숙종조에야
풀더미 속에서
석굴암은 세상에 한동안 나왔습니다

그러다가 다시 파묻혔습니다

이런 것을 세월이라 하였습니다

1905년 어느날 다리 저는 일본 사내에게
어쩌자고 알려져
막막한 식민지 세상에 다시 드러났습니다
그것이 천년의 석굴암이었습니다

한반도 세월의 일부는 이렇게 절망이었습니다
어제도 없이
내일도 없이 망각이었습니다

어제는 바람이 불어댔습니다 푸른 하늘이 아픈 여자처럼 소리쳐댔습니다

2000년 10월 하순
새벽길 허위허위 올라가

동해 해돋이 맞아
석굴암 석가모니 대불 아래 서 있었습니다
천만다행이었습니다
돌어깨
돌가슴에
몇천 마리 나비들이 모여들어 너울거렸습니다
무지무지하게
시달려 아름다웠습니다
벽으로 서 있는
11면관세음보살도 누구도 시달릴 대로 시달려 아름다
웠습니다
하루 내내 굶어버렸습니다

떠나
밤늦게 청도 운문사에선가 나는 몹시 배가 고팠습니다

사과꽃

있어야 할 날들이었다
하루가 가고
하루가 가고
이 누리 앞과 뒤
그렇게 있어야 할 날들이었다
한밤중 주린 배로 가는 길
꺼져가는 불빛 하나씩
나눠 가졌다
무엇이고 살아남은 자의 것이었다
가책도
죽은 자에 대한 기억도
개 같은 의무들도

전체도
개인도 그 다음은 똑같이 지옥의 길 아니고 무엇이었던가

그러나 있어야 할 날들이었다

긴 밤 지나
대낮은 얼마나 허망한가
사과밭이다

사과꽃이 피었다
참으로 먼데까지 왔다
9만 마리 10만 마리 되새떼가
커다란 벙어리 덩어리로 날아올라
무수한 이단으로 뒤집혀 회오리쳤다
그러자마자
지난날 항쟁의 밤같이 박수소리가 살아났다 온통 하
얗다

진리 이후에는 다른 진리가 있다
사과꽃에 너무 사로잡히지 말라
천년의 관습
천년의 확신
천년 이상의 지루한 시간이 네 적이다

누가 미래를 다 차지하려고 노래하는가
사과꽃이 일제히
바람에 날리고 있다
아 그렇게도 꿈꾸던 자유는 낙화였구나
활짝 열려
열리자마자 쾅! 닫혀
흩어진 자의 꽉 찬 고독들
저물어버린 하늘 속에서 떨고 있다
이 세상에는 더 많은 미지의 암흑이 있어야 한다
밤이 도둑처럼 왔다
별빛 아래
저쪽까지 밤새도록 사과밭이다

사과꽃 졌다
사과꽃 졌다

카리브 바다에서

　벌거숭이 산등성이 같은 다른 나라들의 고통을 모르는 구두쇠로
　내 나라의 갖가지 고통만을
　큰 소리로 떠벌여왔다

　한국통사
　뜻으로 본 한국역사
　이런 책들의 뚜껑을 덮고 떠나왔다

　남아메리카 콜롬비아 카르타헤나
　적도 부근
　나 혼자 세상 멀리 면목이 없다

　세상은 갈수록 팍팍하다
　여기는 누구나 죽으면 바로 물컹물컹 썩어버리는 곳이다

　그토록 오랜 동무였던

수평선은 거짓이다
모든 태풍
모든 태풍 이전의 미풍
모든 것을 가진 일망무제의 파도 앞에서
나는 가방을 쌌다

숲

남겨두었네
어머니의 장롱 속
아껴둔
물명주 옷감에 배어 있는
오랜 푸른 나프탈린 냄새가
그쪽으로 가는 바람에 묻어 있고
그쪽에서 오는 바람에도 묻어 있었네

이제껏 나는 그 숲속에 허물없이 드나들지 않았네

넋

풍뎅이였습니다
나방이였습니다
청솔귀뚜라미였습니다
오로지 불빛이라면 마구 달려갔습니다
죽은 뒤로는 새로 와서 처음 이빨 나는 아기였고
 밤새 뒤척여 지새우는 파도들이었습니다 그 시절의 너는 그리고 나는

헛소문 하나

1959년이었다 겨울이 길었다
가야산 해인사 1일 2식 아무 일도 없었다
그런데
서울과 군산에서
내가 죽었다는 소문이 퍼졌던 것

친구 나병재 화백
해인사 주지 앞으로
긴 편지를 보내어
내가 죽은 사연을 알고 싶어했다 그 편지는 늦게 도착했다

또 승해는 조사를 썼고
김구용은
그럴 줄 알았다
그렇게 요절할 줄 알았다고 말했다 한다

또 고향의 이덕 선생은

친지들과 모여
추도식을 마치고
기요꼬상네 술집에 가서 술을 마셨다 한다

사라호 태풍 뒤
나는 가야산 골짝 위쪽
해골바가지를 주워다가
방안에 두고 있었다

그 무명 빨치산의 해골 덕분에 헛소문이었던 것?

어느 편지

소맷자락 하자는 대로 너울너울 춤을 추었지요
하나이다가
홀려
둘이다가
넷이다가
강 건너
서산머리 지는 해 하자는 대로
내려가는 길
함께 내려가는 노래였지요

바람 불었지요

그러다가 없어서는 안될 어스름에 모여들어
마친 일
미룬 일
서로 손잡고 도는 저녁 강강술래였지요

지친 밤이 늘 내 나라이셨고 으슬으슬 옷깃 여민 고향이셨지요

간디 손자

나보다 한살 아래였던가 위였던가
마하트마 간디의 손자
아룬 간디가
어린시절
남아연방에 살 적이었습니다

새 연필 사달라고 졸랐습니다
할아버지 간디는
버린 몽당연필 찾아오게 하였습니다

가로대
이 연필은 나무를 잘라 만들었다
사람들과 연장의 수고가 있었다
이 연필심은 땅속에서 나온 것이다
귀중한 것이니
쓸 때까지 다 써야 하는 것이다

이런 말씀을 조용조용 해주며

새 연필은 한동안 사주지 않았습니다

그 손자 아룬 간디가
뉴잉글랜드 콩코드 소로 협회에 와서
어린시절을 이야기하였습니다

당신 할아버지의 동지는
1920년대 일본에 와서
한국 유학생에게 동방의 빛 한국을 노래하였으니
이제 당신이 한번 한국에 오기 바란다고
내가 말하였습니다
가난한지라 여비 없어 갈 수 없다고
그가 말하였습니다

둘이 서로 웃었습니다

손자는 허리에 핸드폰을 달고 있었습니다
사진 속에서

할아버지는 느릿느릿 물레를 돌렸습니다
이렇게 지난 시대와 오늘이 좀 달랐습니다
아무럼 달라야지요
손자가 할아버지 그대로여서는 안되지요
나는 케임브리지로 돌아오며 괜히 손자 편을 들었습니다

안면도

충청남도 안면도 바다
파도자락 느릿느릿 오래 전의 이야기처럼 다가왔다
정작 개펄 가까이 다가와서는
더이상 어쩔 수 없는
이야기 끝 물보라였다

옷 젖어버린 채
밀물 뒤
썰물에 드러난 드넓은 개펄
아직 남은 햇살에 옷이 마르기 시작했다

더 들어가
물속에는 깡추위가 숨어 있었다
그 조간대

거기쯤
말미잘
거미불가사리

성게
딱지조개
갯지렁이
서로 모략중상 모르고 놀고 있다

함께 놀아라
함께 놀아라
누가 그렇게 가르치는 일 없었고
도덕경도 없건만
서로 그렇게 놀고 있다
어디 물속뿐인가
 충청남도 안면도의 이름없는 하루가 물 위에서 다 내다보였다
 저녁 연기 낮을 대로 낮게 자욱한 날들 중의 하루였다

공던지기

방학중의 딸과 함께 공던지기를 했다
서투른 것이 사랑이었다
좀 세게 던져주면
잘 튀는 공이
딸의 키를 넘어갔다
딸의 공이 와서 튀면
내 키도 넘어 저만치 떨어졌다
깔깔깔 딸의 웃음이
단풍나무 잎새들을 떨어뜨렸다 늦가을이었다

나도 세게 던진 뒤 땀을 훑어내면서
하늘을 보았다

비행운(飛行雲) 하나도 없다
하늘에는 어떤 왕조도 없다
텅 빈 저승
거기에 공을 잘못 던졌다 딸이 깔깔 웃었다

회상

우리는 부모를 잃어버린 아이의 울음소리를 들어본 적이 있습니다
50년 전 그 전쟁의 시절이었습니다
우리는 후방 항구에 있는 고아원의 아이들
그 패인 눈빛에 부딪친 적이 있습니다
우리는 개 돼지보다 더 짐승 쪽이던
피난길 할머니의 굶주림을
그 주름살밖에 없는 신음소리를 모르는 척한 적이 있습니다
그 전쟁은 밀리고 밀려나다가
다시 살아나 밀어붙였고
또다시 밀려내려오다가 말았습니다
그러는 동안 강산은 싸움터뿐이었고
고향과 타향은 무덤일 뿐이었습니다
우리는 1·4후퇴 당시 벙거지 하나 없이
낡은 홑이불 둘둘 말고
벌벌 떨어대며 죽어가는 남정네를 모르는 척 지나친 적이 있습니다

무지막지하게 추운 날 담배꽁초도 없었습니다
　우리는 너나 할 것 없이 알거지였고 도둑이었습니다

　그 전쟁은 꽃 같은 산야를 초토로 불지르고 파헤쳤습니다
　그 전쟁은 다정했던 도시를 망쳐
　살벌한 폐허로 만들었습니다
　그런 초토
　그런 폐허 위에서
　사람들 하나하나의 순정도 다 뭉개져 마음속 폐허일 뿐이었습니다
　죽은 자 절반 살아남은 자 절반이 이 세상의 전부였습니다

　우리는 중부전선 철의 삼각지에서 백마고지에서
　향로봉에서 대성산 펀치볼에서
　저격 능선에서
　남과 북 젊은이들이 쓰러져가는

그 피투성이 하루하루를 그 죽음 뒤에서 살아났습니다
아 슬픈 구호물자가 여기저기서 으스댔습니다
우리는 손목 하나 잘려나간 쇠갈고리 상이군인이
무서워 몸을 피한 적이 한두번이 아니었습니다
그 전쟁은 3백만의 사람들을 죽여야 했습니다
그 죽음들 널린 땅이
오늘에 이른 우리의 시작이었습니다
우리 자식입니다 우리 손녀 손자입니다
그렇게 우리 조상을 이었습니다

오 난관의 평화여 사람이 비로소 사람일 수 있는 평화의 며칠 밤이여

나의 추억

봉건

눈보라쳤다 단숨에 물리쳐야 할 대상이었다
6·25 이후
실존주의의 폐허에서
봉건은 죄악이었다

반봉건

다친 팔 붕대를 풀었다 찬란한 확신이었다
1920년대 카프시대
1970년대 유신시대
대낮에도 살맛나는 구호였다
열번이나
백번이나 옳았다 밤의 선술집 으리으리하였다

반봉건
반외세

반독재
 그것은 내 가슴팍 파묻어도 좋을 만장일치의 명제였
다

 비유조차도 실재였다
 장대비가 퍼부었다
 바람이 방향 없이 불었다
 눈보라는 위대하였다 모든 봉건은 갔다

이제 어디에도 봉건은 없다 겉으로
이제 어디에도 봉건은 다른 얼굴이 되었다
속으로
뼛속의 암이 되어 퍼져갔다

2001년 모월 모일
오늘이 싫어서
나는 허균의 소설을 읽은 뒤
김유정의 「동백꽃」을 읽었다

나 혼자 조용히 봉건으로 돌아가고 싶었다 역설인가

봉건이 아니라
봉건의 언어 그곳으로 가고 싶었다 역설이 아니다

오늘의 언어는 망해가고 있다
조선시대 오륜행실도보다 훨씬 뒤진 순정의 언어
식민지시대 하염없는 산천초목의 언어
그곳에 가서
배고픈 봄날 아득히 들리는 노고지리 소리와
먼 산 눈 녹은 물소리 짝짝이었고
그 언저리
피어난 하얀 살구꽃과 함께이고 싶었다
그곳에 가서
숨막힌 언어들을 하나하나 날려보내고 싶었다
내 조롱 속에 갇혔던 온갖 수다의 언어들을

파고다공원

언제부턴가
파고다공원은 그들의 곳이다
날마다
여기 와서
앉았다가
어슬렁거리다가
저녁 무렵 눈빛 없이 어디론가 간다

파고다공원은
그들의 숨이 붙어 있는 곳이다
찾아갈 딸네 집도 없었다

무료급식 점심때면
아이들처럼
줄을 서서
아이들처럼
서로 먼저 먹으려고 싸움질도 한다

그들에겐 부끄러움이 없다
그들에겐 가책이 없다
또한 그들에겐
수많은 사연이 많을수록 오늘이 초라했다
누가 이 삶의 말기를 대신 써주겠는가

언제부턴가
파고다공원은 그들의 곳이다

그들의 입에서 대통령도 오르내린다
민주당과
한나라당도 오르내린다
김종필도 오르내린다
참고 있던
아들의 학대도 입에 오르내린다 운다

손병희 동상
한용운 동상 아래

거기가
그들의 곳이다

민주노총 시위행렬이 지나가는 날
그 행렬과 아무런 상관 없이 그들이 있다
내일 모레면
속임수가 많던 하나가 보이지 않는다
세상을 떠난 것이다
또 내일 모레면
마누라 자주 팬다는 노인이 오지 않는다
세상을 떠난 것이다

그러기 전까지 파고다공원은 누구이 찌꺼기 성욕이 남은 그들의 이승이다
한국 노인들의 이승이다

희망에 대해서

어쩐지 허전한 봄
보따리도 없이
빈 손은
이 세상 여기저기서 자유가 아니라 형벌이었다
바위를 등에 지고 끙! 일어나고 싶었다

얼마나 많은 생의 마을들을 지나왔던가
그 마을들
바람 치는 날의 아이들
달래줄 친구 없으면
스스로 달래어야 하는 절망의 시작을 보았다

그런 것들이 오래오래 지나서 희망이 되었다

얼마나 많은 달걀이었고
얼마나 많은 마을들의 새벽을 깨워야 했던
아직 깜깜한 첫새벽 수탉 옆의 입다문 암탉이었던가
얼마나 많은 아이들이 세상 부산낳게 잠들어 있던가

얼마나 많은 죽은 아이들의 비릿비릿한 넋이 곤히 잠들어 있던가

20년 뒤 나는 없고 그 아이들이 세상을 차지하고 있었다
과천 경마장에서 하루는 돈을 따고 다음날은 망하고 있었다

희망은 두서 없이 망하고 있었다

장날
통일 이후 어떤 자화상

밀양 장날 섬뜩섬뜩 병신춤을 보았습니다
술이 깨어버렸습니다

구례 장날 노고단 밑 할멈이 내온
산수유 열매들이
알알이 붉은빛에서 자줏빛이 되었습니다

공주 장날 하루가 뉘엿뉘엿 강물로 흘러갔습니다
파장 때 두 남정네가
주먹질 발길질 따위는 없이
그냥 멱살잡이로 씩씩거리기만 하였습니다

부안 장날 뱅어회는 더 비싸게 받아야 합니다
한 접시에 천원이라니

원주 장날 개 임자가 도둑맞은 개를 보았습니다
개 도둑이 재수없게 잡혔습니다

봉산 장날 처녀들이 웬일로 나서서 섣부른 봉산탈춤이었습니다

은율 장날 구월산이 구름 속에 있었습니다

영변 장날 한번에 담배 네 대 피우는 할아버지였습니다
그 옆의 막내손자는 옛노래 「휘파람」을 부르고 있었습니다

혜산 장날 멧돼지고기 한점 먹고
감자국수 한그릇 먹고
힘차게 이름을 불렀습니다 사촌형 익구였습니다
강 건너 장뻬이에 건너간
사촌동생 봉구가 대답했습니다
내일 건너가겠음

두만강 다하는 곳

선봉 장날 팔려갈 수탉 한마리가 목청껏
울었습니다

그러자 멀리멀리
서쪽 압록강 밑 용암포 장날
벙어리 부부가 그 머나먼 닭 우는 소리를 꿈결인 듯
들었습니다

나는 장돌뱅이입니다
오늘은 이 장
내일은 저 장
고려땅 삼천리가 내 저자입니다

고려땅 세 바다가 내 동산입니다
지국총 지국총

제2부 작은 노래

작은 노래

춥다
정신이다

                    *

봄 흙 위에 맨발로 서다
내 머리 정수리 꽃봉오리 맺히다

                    *

곧 떠날 갈숲머리
청둥오리
제 깃을 한나절 내 다듬고 있네

                    *

숙연히 서리 내려오신 아침
내 발 디딜 데 없어 도로 들어왔다

저 언덕 아직껏 푸른 잎사귀들아 마음껏 시들어라

*

난곡동 빈민굴 노정혜수네한테 가지 않는다
네팔 노동자 공장에도 가지 않는다
요즘의 나
넥타이가 너무 많다
70년대 이래의 그 낱말을 가만히 써본다 '민중'

*

함께 살아온 50년의 아내는 친구이다
함께 살아온 60년의 남편은 친구이다

자식들 다 떠난 뒤
두 사람만 남았다

서녘노을 때였나 바나 쪽으로 난 길을
두 사람이 더딘 걸음으로 넘어가고 있었다

저녁노을과 함께 오래 아름다웠다

*****

서리 맞은 국화였다 그네는 그렇게 시작이었다
이슬 맺힌 모란이었다 그네는 그렇게 마지막이었다

그네는 오늘도 꽃의 시작이었다 마지막이었다

*****

추자도 뱃길
무인도 지나가며 인기척을 보냈다

갈매기똥 뒤집어쓴 바위들 얼핏 보였다
그것이 대답이었다

*****

혜성이 사라졌다

지구 저편에
태양이 있으므로
그 빛에 혜성이 빛났다 빛나며 사라졌다

*

추운 바람이
노란 햇병아리 솜털
들쑤시어놓는다

병아리 다리 오래 가늘다

*

임제는 소리지르고
덕산은 막대기로 팬다
그러는 동안
앞산이 돌아앉아 뒷산이 되고 말았다

할!

방!

*

물손님더러 물었다

자네
언제 정선 아우라지 떠나
여기 오셨는가
언제 서해 연평도 앞
거기 가 파도치시겠는가

나도 흘러가야겠네
자네가 낸 길이 이 세상에서 가장 좋은 길인 줄 알지
저만치 가는 물손님 손 흔드는 날

*

강원도 횡계 산중 숯말 오막살이 영감

외롭겠습니다

외로움이 내 단짝이여

바람소리 우우 하고 온다
해진 몽당치마가 걸렸으니
따님은 어디 갔습니까

하마 몇해 전 뒷산에 송이 찾으러 갔나 어디 갔나

*

학이 날아오르며
앉았던 소나무 가지 활개쳐 흔들리네

누가 말하네
소나무가 날아오르다 말았다고

*

시베리아 영하 50도
오줌발 얼어 부서졌다

이런 곳도 돌아가고 싶은 누구의 고향이었다

*

그네가 내 말을 알아듣지 못하면
나는 이방인이다
내가 그네의 침묵을 알지 못하면
그네는 벙어리일 뿐이다

둘 사이의 천릿길

*

옆자리에서
죽은 사람 얘기를 주고받는다

술은 좀 남아 있고
술안주 접시는 비어 있다
그래서 죽음은 산 사람의 술안주도 되는 것인가

                *

반석이 놓일 때 같은
쿵! 소리를 들었다

저문 산이 혼자 내본 소리인가
부엉이 눈이
그 뒤 커졌다

                *

어릴 때 나와 놀던
지렁이가 말했다
누기 불러도
네 하고 재빨리 대답하지 마
그건 너를 부르는 소리가 아니기 십상이야

*

병든 아이 신음소리 못 들어본 귀로
무슨 소리를 들으랴

가을 잠자리 날개 소리없이 떤다

*

미안해서 내생이 있는가
비루먹은 노새야
다음에는 내가 노새가 되어
사람인 너를 태우고 먼길 마다하지 않으리

*

동네 가게에서는
부디 없는 것 찾지 마라
두부 있지요 두부 한모 주세요
진로 한병 주세요

　　　　　　　*

병든 말 꿇어앉지 않고 끝까지 서 있는 마구간에
먼동 빛이 어린다
긴 밤이었다
긴 밤이었다

　　　　　　　*

할아버지가 띄엄띄엄 말하였다
갈 길은 멀다
서두르지 말고
소처럼 뚜벅뚜벅 가거라
이따금 쉬어 가거라

　　　　　　　*

지는 잎새들 춤추며 진다
이 세상 떠날 때
나도 춤추며 떠나리

*

몇 사람의 미움을 씻어줄 만한
한사람의 사랑이 나에게 어디 있을까보냐
우산을 펴다가
다시 접고
그냥 비를 받았다

*

아이에게 물었다
거지가 될래?
도둑이 될래?

아이가 물었다
왜 이 세상엔
그것밖에 없어요?

그렇단다 카스피해와 흑해뿐이란다 이 세상엔

*

쏟아지는 것이 어찌 박연폭포뿐이겠는가
박연폭포 위
햇빛 쏟아져 산산이 부서져내리는데

나는 그냥 건달일 따름이었다

*

그대 가슴에
무슨 새소리가 들어 있나
내 귀가 그대 가슴에 다가가네

*

델피신전에 가서
나는 무당이 되어비렸습니다
82세 시인
로렌스 펠렝게티도 무당이 되어버렸습니다

칼이 춤추었고 북소리 오래갔습니다

*

봄눈 맞는다
사랑 같은
감기 들며
야윈 내 몸 봄눈 맞는다

*

30년 동안 외친 것들
이제 놔주어라

그 가운데
정의!
아주 놔주어라

*

황해 조기떼의 긴 여행 때문인가
내 몸은 무척이나 지쳤다
고군산 선유도쯤에서
곤히 잠들다

    *

캥거루 어미와
캥거루 새끼가 한몸으로
누구를 기다리고 있다
호주 북단 다윈 교외였다

    *

폴란드 아우슈비츠
그곳의 안경 산더미
그곳의 신발 산더미

그곳의 적막 산더미

*

3월 몽골사막을 내려다보았다
아버지 같다
어머니의 얼굴 같다

무엇보다 나 자신을 부끄러워하고 나서

*

길가녘 쓰레기더미 위
버려진 선풍기가
찬바람에 돌고 있다
열심히 돌고 있다

나는 가다가 오래 멈췄다

*

멧돼지는 상어하고

거북이는
심심산천 소쩍새하고 놀아야지

나도 덩달아 북한 김책시 박진섭 동무하고 놀아야지

*

이자(利子)의 시간만 잔인한가
애욕의 시간은 잔인하지 않은가

시간의 자비여
부디 이 나라에 머물지 말라

*

만약 10년 30년 또는 60년
이런 세월이 무상하지 않다면
이런 삶이 무상하지 않은 거라면
인간은 훨씬 더 야만이었으리라

오 숭고한 무상 만세

*

오늘이
하찮은 날일지라도
누가 태어나는 날이고
누가 떠나는 날이다
누가 기다리는 날이다

오늘도 해 지기 전 낙조 웅혼하여라

*

잊어버려라
잊어버려라라고 조각달이 구름 속에 들어간다

*

붉은 영산홍이 피어 있네
저만치 배롱나무 꽃필 생각 전혀 없네

이렇게 세상은 각각의 살림이네 나는 좋아 헤매네

                *

이문재가
금강산 마라톤 취재 가서 보았다 한다

눈이 시루에서 빠져나오듯이
눈이
순교하듯이
조금도 흐트러지지 않고
아주 차곡차곡 내리는 것을
내려서
쌓이는 것을 보았다 한다

또한
눈이 새삼 희다는 것
눈과 눈이 서로 비춰
아주 희다는 것도 알았다 한다

좋았다

*

모진 추위 견디어온 것들
언제 그랬느냐는 듯
오늘은 비온 뒤 푹 젖어 있다
나무들
흙들
흙 속의 뿌리들
환한 물소리들

*

남원 인월 언저리였다
세월의 이쪽
길가 무덤 하나가 말한다

여보게

자네 나 몰라보고 그냥 지나는가

나 유홍렬일세
빗점골 전투에서
자네와 맞총질하던 이현상 부대 유홍렬일세

     *

걸핏하면
그이는 실없이 웃어댔네
그이는 울먹였네
그이들
웃음도 울음도 다 놔두고 묻혀 있네

눈 쌓인 무덤들

     *

나에게서 고뇌가 없다 촛불이 꺼져버렸다

코끼리에게도
침팬지에게도 슬픔 있다
나에게는 슬픔이 없다

저 60년대의 구식 절망
70년대
80년대의 신식 희망

이제 그것들이 없다 나는 남대문시장 돼지머리 앞에 섰다

      *

어제도 낮잠이었다
오늘도 낮잠이었다
미치고 싶다

횔덜린을 생각하지 않을 수 없는 밤

*

세상은 온통 권력의 중심이다
노조 파쇼 봐라
동네사람들 요구사항 봐라
소위 주류신문 사설 봐라

*

마흔살
쉰살
그런 남정네들 갈 곳 없이
월요일에도 수요일에도 집을 나선다
그냥

*

화두란 덫이니라 구렁이니라
호랑이 한놈 구렁에 빠져 나오지 못한다 화두바보!

해설

해류(海流)와 같은 시인

김성곤

1. 휴대폰을 지닌 시인

고은 시인은 늘 휴대폰을 갖고 다니며 즐겨 애용하는 것으로 유명하다. 시인이 기계를 좋아해도 되느냐는 내 어리석은 질문에, 그는 얼굴 가득 미소를 지으며, "어디에 가든지 사람과 사람이 연결된다는 것은 좋은 일이지요"라고 대답했다. 그것은 곧 그가 인간과 인간 사이의 접촉과 만남을 중요시하고, 기계를 통한 '휴먼 터치'까지도 성취하는 따뜻한 심성의 시인이라는 것을 의미한다. 몇달 전, 유럽에 같이 갔다가 김포공항에 도착해 입국심사를 기다릴 때도, 고은 시인은 소설가 오정희 여사와 나에게 "집에 전화들 하세요"라며 휴대폰을 건네주었고, 그 덕분에 인간교류에 서툰 나까지도 그만 얼결에 기계를 붙

잡고 모처럼 가족과의 커뮤니케이션을 시도하게 되었다.

그런 의미에서 고은 시인은 미국의 대표적 선(禪)시인 개리 스나이더와 유명한 비트시인 앨런 긴스버그를 연상시킨다. 스나이더는 문명을 떠나 전기가 없는 캘리포니아 주 산 속에서 살고 있지만 태양열을 이용한 컴퓨터 이메일로 전세계와 교류하는 시인이며, 긴스버그 역시 생전에 기계문명의 폐해를 고발하면서도 시 낭송회 때는 마이크를 통해 청중들과 교류하던 폭넓은 시인이었기 때문이다. 또한 스나이더와 긴스버그는 둘 다 따뜻하고 진정한 인간교류의 추구로 유명한 시인들이기도 하다. 과연 리오 마르크스의 용어를 빌리면, 위 세 시인은 모두 "정원 속의 기계(The Machine in the Garden)"를 용납하고 포용하는 "복합적 목가주의"의 실천자들이라는 공통점을 갖는다. 사실, 이 하이테크 시대에 기계를 배제하고 인정하지 않는 것은 다분히 '감상적인 목가주의'일 것이다.

청중을 사로잡는 고은 시인의 시 낭송 스타일 역시 스나이더나 긴스버그의 시 낭송과 많이 닮았다. 예컨대 해외에 나가 시 낭송을 할 때, 고은 시인은 풍부한 제스처와 함께 그야말로 혼신의 힘을 다해 정열적으로 시를 읽는다. 그래서 시인의 시 낭송을 들은 스웨덴 문예지의 한 편집장은 "고은은 마치 땅속에서 영혼의 샘물을 파 올리는 것처럼 시를 읽는다"라고 평한 직이 있다. 그래서 외국에서 그가 시를 낭송하면 그 직전에 낭송한 시인이 빛을 잃고, 그후에 낭송하는 시인은 그를 모방하게 된다. 그의 낭송에 매료된 청중들이 자리를 뜨지 않기 때문에 그 다음 시인이 덕을 보는 것은 물론이다. 그만큼 고은의 시는 외국인들에게 호소력이 있다. 그의 시는 동양적이면서도 보편적이고, 한국적이면서도 우주적이다. 개리 스나이더는 "현존하는 한국 시인 중 서구 독자들에게 가장 호소력 있는 사람이 누구냐고 묻는다면 나는 주저없이 고은이라고 대답하겠다"라고 말한 적이 있다.

고은 시인의 시세계는 섬세하면서도 웅장하고, 난해하지 않으면서도 심오하며, 기교를 부리지 않으면서도 뛰어난 시적 운율을 보여주고 있다. 거기에는 또 시대의 아픔과 고뇌가 있고, 삶에 대한 존재론적 성찰과 철학이 있으며, 일상과 현실에 대한 예리하고 준엄한 비판이 있다. 그리고 물론 그러한 세속적인 것들을 초월하는 불교적 세계관과 선(禪)사상도 깃들여 있다. 그와 더불어, 그의 시에는 언제나 글쓰기에 대한 부단한 의미천착이 진행되고 있다. 그가 2001년 여름 이딸리아 베로나에서 열린 유네스코 '세계 시 아카데미' 창립총회에 초청받아 한국을 대표하는 회원으로 지명된 것도 바로 그의 그런 시적 덕목과 역량을 세계시단에서 인정받아서일 것이다.

고은 시인은 휴대폰 하나를 지닌 채 훌쩍 떠나 '연어'처럼 파도를 거슬러 올라가거나, '황해 조기처럼' 세계 각지를 돌아다니는 방랑시인이다. 다행히도 우리는 그가 어디에 있든지 그의 휴대폰을 통해 또는 그의 시를 통해 그와 교류하고 대화할 수 있다. 2002년 벽두를 장식하는 그의 시집 『두고 온 시』는 시인의 바로 그러한 정신적 편력과 여정의 결산이자, 독자들과 교류하는 만남의 장이다. 그래서 각각의 시마다 독자들은 한국근대사와 더불어 펼쳐지는 시인의 지난날과 현재, 아픈 상처와 치유, 그리고 방랑과 깨달음을 발견하게 되고, 시인과 더불어 우주적 명상과 사유의 세계로 침잠해 들어가게 된다. 그렇다면 삶이라는 정처없는 여로에서 시인이 '두고 온 시'는 과연 무엇일까? 오랜 방랑으로부터 돌아오면서 그는 도대체 무엇을 두고 온 것일까?

2. 순례자의 노래

『두고 온 시』의 제1부 '순례시편'은 나라 안과 나라 밖에서 자신의 시와 인생과 정체성을 돌이켜보는 시인의 명상과 성찰로, 그리고 제2부 '작은 노래'는 사물과 우주의 본질을 짧은 시로 통찰하되 서양의 경구시나 일본의 하이꾸와는 다른, 고은 특유의 간결하고 단편적인 시들로 이루어져 있다. 젊은 시절의 방랑이 순례가 되고, 언어가 점점 더 축소되어 드디어 침묵에 가까워지는 것은 곧 한 작가의 인생과 문학의 완성을 의미한다. 과연 이 시집에서 고은 시인은 지난날 삶의 여정을 뒤돌아보며, 좀더 완숙해진 자신의 문학세계로 독자들을 이끌어간다. 그럼에도 그의 시는 단순히 삶을 관조하는 원로시인의 정적인 회고나 명상이 아니라, 내일과 미래를 향해 부단히 새로운 시작을 시도하는 젊은 피의 역동적 도전으로 읽힌다.

    그럴 수 있다면 정녕 그럴 수만 있다면
    갓난아이로 돌아가
    어머니의 자궁 속으로부터
    다시 시작하고 싶을 때가 왜 없으리
    삶은 저 혼자서
    늘 다음의 파도소리를 들어야 한다

    그렇다고 가던 길 돌아서지 말아야겠지
    (…)
    두고 온 것 무엇이 있으리요만
    무엇인가
    두고 온 듯
    머물던 자리를 어서어서 털고 일어선다
                         —「두고 온 시」 부분

  고은 시인은 젊다. 그리고 젊은 사람은 과거에 미련이 없다. 그래서 그는 표제시로 선택된 「두고 온 시」에서도 지난날에 대한 미련 없이 자리를 털고 일어나 내일을 향한 여정을 계속한다. 우리는 모두 과거에 무엇인가를 두고 왔다고 생각하고, 그 두고 온 것에 대해 미련과 향수를 갖게 된다. 그러나 시인은 우리에게 돌아서지 말고, 가던 길을 계속 가라고 충고한다. 이것이 70세를 바라보는 시인의 생각이라는 것은 놀랍고도 경탄할 만한 일이다. 시인의 귀에는 늘 '내일의 파도소리'가 들리고, 어서 일어나 순례를 계속하라는 속삭임이 들린다. 그런 그에게 과거의 향수와 망령에서 벗어나지 못하고 있는 조국의 현실은 안타까울 뿐이다.

   향수는 오랜 멍에였다
   왜 우리는 지난날의 느티나무 옹이만을 서럽게 이야기하는가
   왜 우리는 지난날
   그 어둑어둑한 저녁 외딴 마을만을 못내 그리워하는가
   천둥소리여 꾸짖어다오
   왜 우리는 오늘이 아닌
   어제의 저문 밀물만을 노래하는가
   아 모든 비애여 과거여

   이제 벌떡 일어나
   새벽 먼동 앞에서 노여운 신발끈을 매어야 한다

   그리하여 새로 찾아오는 시간 속으로 걸어가야 한다
   (…)

   태어난 곳 자라난 곳은 미개이다
   지난날의 하염없는 마루턱이 아니라

오늘의 거리를 가야 한다
오늘과 내일의 성난 바다 한쪽을 건너가야 한다

(…)
왜 우리는 오래된 고향의 유골을 떠나지 못하는가
―「아침 바다」부분

  고은 시인은 자신의 진취적인 시각과 역사에 대한 통찰을 이렇게 비범하고 뛰어난 한편의 시로 형상화하는 데 성공하고 있다. 시인의 한탄은 한국인들의 비진취성 때문에 결국 일제시대 일본인에 의해 알려진 석굴암을 노래한 「토함산」에서도 계속되고 있다. 보수적이고 폐쇄적인 다른 원로시인들과는 달리, 고은 시인은 이렇게 진취적이고 개방적이다. 바다를 향수와 이별의 상징으로만 보았던 우리의 옛시인들과는 달리, 고은 시인은 마치 「바다를 향한 열정」(Sea-Fever)을 쓴 영국시인 존 메이스필드(John Masefield)처럼, 바다를 내일과 미래의 상징으로 보고 있는 것이다.
  고은 시인이 과거와 조국을 떠나 이렇게 미래와 세계로 눈을 돌리는 것은, 암울했던 한국 근세사와 정치상황에 대한 남다른 회의와 반성에서 비롯된 것처럼 보인다. 그가 1960년대에 썼으나 원문은 없어진 채 영역되어 독일 보쿰대학의 어느 교수 연구실에 40여년간이나 걸려 있었다는 「이어도」라는 시는 당시 조국의 현실에 대한 그의 절망이, 그리고 그 절망으로부터의 탈출의지가 얼마나 강했는지를 잘 보여주고 있다.

> 이어도로 가리
> 바다 건너, 마른 호박빛 수평선 너머
> 내 절망으로부터 이어도로 가리
> 오 내 나라여, 나를 떠나게 해다오
> 황폐한 시간과 들판
> 그리고 내가 태어난 자궁을 모두 넘겨버릴 것이다
> 내 정든 옛집도 버릴 것이다
> (…)
>
> 그리하여 새로운 빛이 오래 저주받은 밤으로부터
> 이어도 위로 떠올라 날이 새이리라
> 내 삶의 수많은 절망으로부터 이어도로 가리
> ―「이어도」 부분

「이어도」는 일견 현실에 대한 절망과, 유토피아로의 도피를 노래한 듯하지만, 궁극적으로는 절망을 초극하려는 강한 의지가 담겨 있는 대단히 긍정적인 시라고 할 수 있다. 과연 고은 시인은 단순한 허무주의나 도피주의에 빠져들지 않고, 현실과 역사 속에 자신을 정립하는 의지와 신념의 시인이다. 그래서 독재에 저항하다가 붙잡혀간 감옥의 철창 사이로 보이는 한 조각 푸른 하늘에서도 시인은 희망을 잃지 않고 밝게 빛나는 내일의 태양을 본다. 어려웠던 시절, 당시 그의 삶과 관심은 억눌리고 가난한 타자—곧 민중—들을 위해 바쳐졌고, 시인으로서의 삶 또한 충일했다.

그러나 이제 시대는 변했다. 지금은 독재정권도 사라져, 예전에 비하면 놀랄 만큼 자유로워졌고, 믿기 어려울 만큼 풍족해졌으며, 모든 면에서 살기 좋아졌다. 그러나 문제는 그러한 변화에 따라 시인이 저항할 대상도 줄어들고 타인에 대한 우리의 관심도 현저하게 줄어들었다는 점이다. 시인은 바로 그러한 시대적 변화를 슬퍼한다.

> 한밤중 혼자 흐득흐득 울고 울었던
> 그 울음의 하얀 소용돌이 어디로 갔나
> 이토록 내 등뼈에는 슬픔이 없어졌다
> (…)
>
> 달동네 난곡에는
> 그 숨찬 일인용 골목들 굶주리는 아이들이
> 멀뚱멀뚱 살아 있는데
> 뉴스 시간 텔레비전 화면에서
> 아프간 아이들이 풀 한포기 없는 언덕에서
> 먼지 먹으며 살아 있는데
> 나는 배고프지 않다.
> (…)

지난날 30년
독재 그것이 내 생존의 개펄 같은 애욕이었을 줄이야
희망이었을 줄이야

—「최근의 고백」 부분

  슬픔과 고뇌가 없어진 사회, 배고프지 않은 상황, 그리고 투쟁의 대상이 없어진 시대에 시인은 비로소 과거 독재정권 시대가 역설적으로 더 보람있었고 더 따뜻했었음을 깨닫는다. 사실 횔덜린의 시 구절처럼, 시인에게는 궁핍한 시대가 더 나은 것인지도 모른다. 물질적 풍요는 인간에게 삶의 여유는 제공해주지만, 인간성의 고양을 가져다주지는 않기 때문이다.

난곡동 빈민굴 노정혜수네한테 가지 않는다
네팔 노동자 공장에도 가지 않는다
요즘의 나
넥타이가 너무 많다
70년대 이래의 그 낱말을 가만히 써본다 '민중'

—「작은 노래」 부분

  가난하고 억압받는 사람들에 대한 관심이 점점 더 사라져가고 있는 상황에서 시인은 한때는 그렇게도 절실했으나 지금은 그 의미가 퇴색해버린 '민중'이라는 말을 되뇌

어본다. 그리고 우리를 하나로 결속해주었고, 우리의 피를 끓게 만들었던 군사쿠데타 시대, 암울했던 독재시대가 차라리 지금보다 더 나았다고 생각한다.

어느날 밤
누군가가 뛰쳐나와 소리쳤다

아 독재가 있어야겠다
쿠테타가 있어야겠다

그래야
우리 무덤 속 백골들
분노의 동정(童貞)으로 뛰쳐나오리라
하루 열두번의 잠 때려치우고 누에집 뛰쳐나오리라
그래야 텅 빈 광장에 밀물의 짐승들 차오르리라

(…)
그러나 옛 친구들이여 기억하라
이 광장이 우리들의 시작이었다 언제나
—「광장 이후」부분

시인이 보는 우리는 지금 부화의 꿈을 상실한 채 냉장고 속에 들어 있는 달걀이자, 나방이 되는 꿈을 상실한 채 잠들어 있는 누에고치일 뿐이다. 그래서 시인은 외부와

단절된 채 현실의 아픔과 미래의 희망을 잊고 마비되어 있거나 잠들어 있는 우리에게 어서 일어나 현실을 직시하고 미래를 바라보라고, 그래서 다시 한번 민중의 광장으로 나오라고 강권한다.

3. 시대의 어둠을 밝히는 시인

고은 시인의 그러한 통찰은 시의 미래에 대한 성찰로 확대된다. 그는 시란 잠들어 있는 우리를 깨워 현실을 직시하고 미래를 바라보게 해주는 각성제이며, 세계를 하나로 연결해주는 우주의 언어이자 따뜻한 해류와도 같다고 말한다. 그는 또 문학이 상업주의와 엔터테인먼트에 밀려나는 시대에 시는 더욱 소중하고 더욱 필요한 값진 정신적 유산이라고 말한다. 그런 의미에서 그는 어지러운 시대에 태어나 종교를 세운 석가나 공자나 예수도 사실은 시인이었다고 말한다. 2001년 가을, 스웨덴과 미국에서 발표해 해외 청중들로부터 찬사를 받은 「해류로서의 시」라는 강연에서 고은 시인은 이렇게 천명하고 있다.

몇천년 동안 모든 언어는 민족들의 삶과 문화의 핵심이었으며, 동시에 인류의 다양한 표현들을 성취했습니다. 꿈¼는 언어로서의 시의 보석늘도 당연히 거기에 포함됩니다. 이같은 소중한 언어들이 세계화 또는 신자유주의 시장의 도구언어로 말미암아 짓밟혀지거나 언어영역이 침범당하거나 할 때 그 언어의 극점이기도 한 시를 옹호하는 활동이 있어야 했던 것입니다 (…) 왜냐하면 인간정신은 '근원의 시'이기 때문입니다. 나는 인류가 위로받고 구원받는 일 자체가 시적이라고 믿습니다. 이 점은 석가와 공자, 예수가 '시인'으로서 그들의 종교적 위엄에 기여한 사실로도 강조하고 싶습니다.

이제 세상은 시를 사랑할 시간을 여러 오락과 유희의 시간으로 대체하고 있는 것이 사실입니다 (…) 여기에 싸이버공간 안에는 시 본래의 가능성들이 소비적 작위로 파편화됨으로써 그것들이 시를 대행하고 있으며 영상화면에서도 그러한 현상이 뚜렷합니다. 심지어 광고 메시지들도 시의 세계를 상대적으로 넘나들며 상품을 장식하고 있습니다 (…) 오늘의 시가 그 효용불능으로 된 아날로그 시대의 유물로 소외된다 하더라도 정작 이때부터 항구적인 정전(正典)을 확신한다면 시는 내적 성취가 이루어진다고 믿습니다. 시의 절망이야말로 과거의 시와 미래의 시를 이어주는 시의 빛나는 축제를 진행시키는 것입니다.
―「해류로서의 시」

이렇게 인용이 길어진 이유는, 이 글에 어느 한 구절도 빼기 어려울 만큼 주옥 같은 내용이 담겨 있기 때문이다. 문학의 죽음이 선언되는 절망의 시대에 오히려 "시의 빛

나는 축제"를 벌이고, 절망으로부터 새로운 희망을 일구어내는 시인의 신념과 역량은 오직 고은 시인에게서만 발견되는 소중한 덕목 중 하나이다. 한편의 산문시 같은 이 글에서 시인은 시가 할 수 있고 또 해야만 하는 일을 북유럽을 따뜻하게 감싸주는 난류에 비교한다.

나는 이곳에서 멕시코 난류를 생각합니다. 그 해류가 대서양 북부 북해라는 발틱해에까지 영향을 미침으로써 위도와 상관없이 유럽 북구 일대가 훨씬 덜 추운 것으로 됩니다. 또한 해류는 자주 바다 표면의 해류와 바다 밑의 해류가 서로 역방향으로 활동하기도 합니다. 표면의 해류에서 시의 세속적 실효성이 없어지고 시적 존재의 결핍 또는 인문적 황폐화로 시가 없어진다 하더라도 저 바다 밑에 다른 방향으로 흘러가는 해류와 함께 시는 새로운 시의 묵시록을 잠행시킴으로써 그 해류가 이윽고 표면해류에 영광스러운 활동의 동기가 되어줄 것을 의심하지 않습니다.
어떤 의미로는 이 세상에서 시가 아주 소멸될 때에도 시인은 시를 더 절실하게 지속시킬 것이며 오히려 보다 더 아름다운 시의 세계를 통해서 시의 역사와 인간들의 삶을 일치시킬 것입니다. 시는 결코 죽지 않을 것이며, 내일에도 먼 미래에도 시와 시인은 불교에서의 윤회처럼 이어질 것입니다. 우리는 태초의 신명(神明)이라는 유전(遺傳)과 함께 끝없이 계승되는 시속의 시 한편 한

편입니다.

고은 시인의 눈에는 우리 모두가 "끝없이 계승되는 시 속의 시 한편 한편"이다. 삼라만상을 다 시로 보는 시인의 눈에 아름답고 신비롭지 않은 것이 있을 리 없고, 시가 죽거나 사라질 리가 없다. 고은 시인이 늙어가지 않고 오히려 나날이 젊어지는 이유도 바로 거기에 있다. 사실, 이 세상 모든 것과 우리 모두의 삶을 다 시로 파악하는 시인이야말로 진정한 시인이 아니겠는가? 글과 삶이 일치하지 않고 따로 돌아가는 시대에, 고은 시인은 시를 온몸으로 살고 있어, 그 자신이 곧 시가 되는 특이한 시인이다. 고은 시인을 갖고 있다는 것은 한국문단의 경사이자, 한국사회의 축복이다. 자신의 온기로 북해의 얼음을 녹이고, 주위를 따뜻하게 감싸주는 난류와 같은 시인, 또 휴대폰으로 늘 연결이 되는, 그래서 인간교류를 몸소 실천하는 열린 시인, 그리고 모두가 잠든 밤에 홀로 깨어 시대의 어둠을 밝히고 문학의 미래를 인도하는 안내성좌—바로 그것이 시인 고은의 참 모습이자, 이 어두운 시대에 우리가 그를 필요로 하는 절실한 이유이다.

金聖坤 /문학평론가, 서울대 영문과 교수

시인의 말

 고개 넘어 일장춘몽이었다. 2001년이었는데 곧 2002년이다. 그럼에도 올해는 지난해의 내년이었고 내년의 지난해 아니겠는가. 그렇게 올해 속의 다른 해들과 함께 시가 있다.
 아우슈비츠 이후에도 서정시가 있어야 하는가라고 누가 처절히 외친 적이 있다. 최근의 아프간사태에 이르기까지의 경악 가운데서도 누군가가 시의 존재이유를 물어야 했다.
 그 질문이 바로 시를 지속가능케 하는 것인가.
 우리에게, 분단 50년을 넘어선 한반도의 고된 삶에서도 시의 심장 좌심방은 역력히 살아왔다. 시는 이렇게 언제까지나 산 자의 아날로그일 것이다.
 모국어로서의 시, 뭇 국어들의 시 그리고 자연언어의 시와 어쩌면 놓쳐버리기 쉬운 우주 방언으로서의 시의 의미는 더 깊어지지 않으면 안된다.

지금 지구상에는 3950종 이상의 언어가 남아 있다. 이것들이 시의 세계를 이루는 생명의 기호인 것이다. 그런데 앞으로 백년이 지나면 지구상의 언어 절반 내지 90퍼센트가 사라진다는 예측이 있다. 그 원인은 세계화에 의한 언어 전체주의 때문이고 사이버미디어 때문이기도 하다는 것이다.

나의 모국어를 한밤중에 애틋하게 사모하지 않을 수 없다.

조선후기의 한 시편에서 '무추(無秋)'라는 표현을 본 적이 있다. 가물어 가을걷이가 없다는 뜻이었다.

이 시집으로 나도 그런 '무추'를 조금 면한 셈인가. 시집 이름을 '두고 온 시'로 정한 것은 같은 이름의 시 한 편 때문이었는데 한원균의 강한 권유가 있었다.

지난해 절반 이상을 여러나라 시 축제에 불려다니느라고 오붓이 상머리에 앉아 마음을 가다듬을 겨를이 퍽 없었다. 그런 중에도 시에 대한 몇가지 생각은 늘 달라붙었다. 특히 베로나에서의 유네스코 세계 시 아카데미 창립대회와 관련해서 새삼 시의 행로를 운명의 척도로 찾아나서지 않을 수 없었다.

시의 자리가 세상의 해일로 자꾸 묻혀버리는 시절이 도리어 시의 진정한 얼굴이 떠오르는 시절이고 싶은 것이다. 위기 또는 절망 그런 것으로 하여금 시의 화생설화(化生說話)가 있어온 사실을 가만히 기억해낼 필요가 있다.

제1부는 나라 안의 여러 지점에서 얻어진 표상의 내재화가 어느 만큼 눈에 띌 터이고, 나라 밖의 도처에서 삶의 정체성을 돌아보는 흔적도 함께 있다. 그래서 순례라는 이름을 달아주었다.

제2부는 지난해의 시집 『순간의 꽃』에 이어지는 작은 시 50여 수를 모았다. 나를 '지구 저편의 형제시인'이라고 말하는 개리 스나이더는 이런 작은 시 작업을 격려하면서 고대 그리스 경구시와 근세 일본의 하이꾸와는 또다른 시 형식이라고 말했다.

또한 나 자신도 굳이 이 작은 시편들을 선가(禪家)의 게송과도 일정한 차이를 두고 싶은 것이다. 형식이되 자유인 것, 그래서 형식이 촛농처럼 녹아내려야 촛불이 환해질 것이다.

나는 서사의 진행에 한없이 홀려 있거나 서정의 확대에 기울어지는 일 아니고도 이런 작은 시의 현재를 늘 체험하고자 한다.

교정과정에서 분량이 넘치는 제3부는 다음 기회로 미루이비렸다. 주로 북한방문과 관련된 시편들이다.

창작과비평사의 고형렬, 유용민에게 감사한다. 초고

와 별반 다르지 않는 원고를 챙겨 교정쇄로 만들어 주었다. 그들의 정성에 대해서 나는 낚싯줄도 없는 낚싯대를 내려놓고 있는 엉터리인가 싶었다.

                        2002년 1월
                        안성에서 고은

창비시선 213
두고 온 시

초판 1쇄 발행/2002년 1월 15일
초판 13쇄 발행/2017년 10월 31일

지은이/고은
펴낸이/강일우
편집/고형렬 유용민 염종선 문경미
펴낸곳/(주)창비
등록/1986년 8월 5일 제85호
주소/10881 경기도 파주시 회동길 184
전화/031-955-3333
팩시밀리/영업 031-955-3399 · 편집 031-955-3400
홈페이지/www.changbi.com
전자우편/lit@changbi.com

ⓒ 고은 2002
ISBN 978-89-364-2213-4 03810

* 이 책 내용의 전부 또는 일부를 재사용하려면
  반드시 저작권자와 창비 양측의 동의를 받아야 합니다.
* 책값은 뒤표지에 표시되어 있습니다.